LA CONDESA SANGRIENTA

ALEJANDRA PIZARNIK † SANTIAGO CARUSO

A mis maestros,
en especial a Gatti y Alcatena, cuyas obras y palabras
han sido como el hilo de Ariadna en este oscuro laberinto.
A los artistas, que exorcizan la *enfermedad del mundo*
con creaciones más verdaderas
que reales.

s. c.

Los editores agradecen especialmente
a Ana Becciú.

✳

ALEJANDRA
PIZARNIK

LA CONDESA
SANGRIENTA

ILUSTRACIONES:
SANTIAGO CARUSO

LIBROS DEL ZORRO ROJO

ÍNDICE

†

La Condesa Sangrienta

«El criminal no hace la belleza;
él mismo es la auténtica belleza.»

J. P. SARTRE

 alentine Penrose ha recopilado documentos
y relaciones acerca de un personaje real e insólito:
la condesa Báthory, asesina de 650 muchachas.

Excelente poeta (su primer libro lleva un fervoroso prefacio
de Paul Éluard), no ha separado su don poético de su
minuciosa erudición. Sin alterar los datos reales penosamente
obtenidos, los ha refundido en una suerte de vasto y
hermoso poema en prosa.

La perversión sexual y la demencia de la condesa Báthory
son tan evidentes que Valentine Penrose se desentiende de
ellas para concentrarse exclusivamente en la belleza convulsiva
del personaje.

No es fácil mostrar esta suerte de belleza. Valentine Penrose, sin embargo, lo ha logrado, pues juega admirablemente con los valores estéticos de esta tenebrosa historia. Inscribe el *reino subterráneo* de Erzébet Báthory en la sala de torturas de su castillo medieval: allí, la siniestra hermosura de las criaturas nocturnas se resume en una silenciosa de palidez legendaria, de ojos dementes, de cabellos del color suntuoso de los cuervos.

Un conocido filósofo incluye los gritos en la categoría del silencio. Gritos, jadeos, imprecaciones, forman una «sustancia silenciosa». La de este subsuelo es maléfica. Sentada en su trono, la condesa mira torturar y oye gritar. Sus viejas y horribles sirvientas son figuras silenciosas que traen fuego, cuchillos, agujas, atizadores; que torturan muchachas, que luego las entierran. Como el atizador o los cuchillos, esas viejas son instrumentos de una posesión. Esta sombría ceremonia tiene una sola espectadora silenciosa.

LA VIRGEN DE HIERRO

«… parmi les rires rouges des lèvres luisantes
et les gestes monstrueux des femmes mécaniques.»

R. DAUMAL

abía en Núremberg un famoso autómata llamado «la Virgen de hierro». La condesa Báthory adquirió una réplica para la sala de torturas de su castillo de Csejthe. Esta dama metálica era del tamaño y del color de la criatura humana. Desnuda, maquillada, enjoyada, con rubios cabellos que llegaban al suelo, un mecanismo permitía que sus labios se abrieran en una sonrisa, que los ojos se movieran.

La condesa, sentada en su trono, contempla.

Para que la «Virgen» entre en acción es preciso tocar algunas piedras preciosas de su collar. Responde inmediatamente con horribles sonidos mecánicos y muy lentamente alza los blancos brazos para que se cierren en perfecto abrazo sobre lo que esté cerca de ella —en este caso una muchacha—. La autómata la abraza y ya nadie podrá desanudar el cuerpo vivo del cuerpo de hierro, ambos iguales en belleza. De pronto, los senos maquillados de la dama de hierro se abren y aparecen cinco puñales que atraviesan a su viviente compañera de largos cabellos sueltos como los suyos. Ya consumado el sacrificio, se toca otra piedra del collar: los brazos caen, la sonrisa se cierra así como los ojos, y la asesina vuelve a ser la «Virgen» inmóvil en su féretro.

MUERTE POR AGUA

✝

El camino está nevado, y la sombría dama arrebujada
en sus pieles dentro de la carroza se hastía.
De repente formula el nombre de alguna muchacha
de su séquito. Traen a la nombrada: la condesa
la muerde frenética y le clava agujas. Poco después el cortejo
abandona en la nieve a una joven herida y continúa viaje.
Pero como vuelve a detenerse, la niña herida huye,
es perseguida, apresada y reintroducida en la carroza, que
prosigue andando aun cuando vuelve a detenerse pues
la condesa acaba de pedir agua helada. Ahora la muchacha
está desnuda y parada en la nieve. Es de noche. La rodea
un círculo de antorchas sostenidas por lacayos impasibles.
Vierten el agua sobre su cuerpo y el agua se vuelve hielo.
(La condesa contempla desde el interior de la carroza).
Hay un leve gesto final de la muchacha por acercarse más a
las antorchas, de donde emana el único calor. Le arrojan más
agua y ya se queda, para siempre de pie, erguida, muerta.

LA JAULA MORTAL

«... des blessures écarlates et noires
éclatent dans les chairs superbes.»

RIMBAUD

†

apizada con cuchillos y adornada con filosas puntas
de acero, su tamaño admite un cuerpo humano;
se la iza mediante una polea. La ceremonia de la
jaula se despliega así:

La sirvienta Dorkó arrastra por los cabellos a una joven
desnuda; la encierra en la jaula; alza la jaula. Aparece
la «dama de estas ruinas», la sonámbula vestida de blanco.
Lenta y silenciosa se sienta en un escabel situado debajo
de la jaula.

Rojo atizador en mano, Dorkó azuza a la prisionera quien,
al retroceder —y he aquí la gracia de la jaula—, se clava
por sí misma los filosos aceros mientras su sangre mana
sobre la mujer pálida que la recibe impasible con los ojos
puestos en ningún lado. Cuando se repone de su trance
se aleja lentamente. Ha habido dos metamorfosis: su vestido
blanco ahora es rojo y donde hubo una muchacha hay
un cadáver.

TORTURAS CLÁSICAS

«Fruits purs de tout outrage et vierges de gerçures.
Dont la chair lisse et ferme appelait les morsures!»

BAUDELAIRE

†

alvo algunas interferencias barrocas —tales como «la Virgen de hierro», la muerte por agua o la jaula— la condesa adhería a un estilo de torturar monótonamente clásico que se podría resumir así:

Se escogían varias muchachas altas, bellas y resistentes —su edad oscilaba entre los 12 y los 18 años— y se las arrastraba a la sala de torturas en donde esperaba, vestida de blanco en su trono, la condesa. Una vez maniatadas, las sirvientas las flagelaban hasta que la piel del cuerpo se desgarraba y las muchachas se transformaban en *llagas tumefactas*; les aplicaban los atizadores enrojecidos al fuego; les cortaban los dedos con tijeras o cizallas; les punzaban las llagas; les practicaban incisiones con navajas (si la condesa se fatigaba de oír gritos les cosían la boca; si alguna joven se desvanecía demasiado pronto se la auxiliaba haciendo arder entre sus piernas papel embebido en aceite). La sangre manaba como un géiser y el vestido blanco de la dama nocturna se volvía rojo. Y tanto, que debía ir a su aposento y cambiarlo por otro (¿en qué pensaría durante esa breve interrupción?). También los muros y el techo se teñían de rojo.

No siempre la dama permanecía ociosa en tanto los demás
se afanaban y trabajaban en torno a ella. A veces colaboraba,
y entonces, con gran ímpetu, arrancaba la carne —en los
lugares más sensibles— mediante pequeñas pinzas de plata,
hundía agujas, cortaba la piel de entre los dedos, aplicaba
a las plantas de los pies cucharas y planchas enrojecidas
al fuego, fustigaba (en el curso de un viaje ordenó que
mantuvieran de pie a una muchacha que acababa de morir
y continuó fustigándola aunque estaba muerta); también
hizo morir a varias con agua helada (un invento de su
hechicera Darvulia consistía en sumergir a una muchacha
en agua fría y dejarla en remojo toda la noche). En fin,
cuando se enfermaba las hacía traer a su lecho y las mordía.

Durante sus crisis eróticas, escapaban de sus labios palabras
procaces destinadas a las supliciadas. Imprecaciones
soeces y gritos de loba eran sus formas expresivas mientras
recorría, enardecida, el tenebroso recinto. Pero nada era
más espantoso que su risa. (Resumo: el castillo medieval;
la sala de torturas; las tiernas muchachas; las viejas y horrendas
sirvientas; la hermosa alucinada riendo desde su maldito
éxtasis provocado por el sufrimiento ajeno).

*… sus últimas palabras, antes de deslizarse en el desfallecimiento
concluyente, eran: «¡Más, todavía más, más fuerte!».*

No siempre el día era inocente, la noche culpable. Sucedía que jóvenes costureras aportaban, durante las horas diurnas, vestidos para la condesa, y esto era ocasión de numerosas escenas de crueldad. Infaliblemente, Dorkó hallaba defectos en la confección de las prendas y seleccionaba a dos o tres culpables (en ese momento los ojos lóbregos de la condesa se ponían a relucir). Los castigos a las costureritas —y a las jóvenes sirvientas en general— admitían variantes. Si la condesa estaba en uno de sus excepcionales días de bondad, Dorkó se limitaba a desnudar a las culpables que continuaban trabajando desnudas, bajo la mirada de la condesa, en los aposentos llenos de gatos negros. Las muchachas sobrellevaban con penoso asombro esta condena indolora pues nunca hubieran creído en su posibilidad real. Oscuramente, debían de sentirse terriblemente humilladas pues su desnudez las ingresaba en una suerte de tiempo animal realzado por la presencia «humana» de la condesa perfectamente vestida que las contemplaba. Esta escena me llevó a pensar en la Muerte —la de las viejas alegorías; la protagonista de la Danza de la Muerte—. Desnudar es propio de la Muerte. También lo es la incesante contemplación de las criaturas por ella desposeídas. Pero hay más: el desfallecimiento sexual nos obliga a gestos y expresiones del morir (jadeos y estertores como de agonía; lamentos y quejidos arrancados por el paroxismo). Si el acto sexual implica una suerte de muerte, Erzébet Báthory necesitaba de la muerte visible, elemental,

grosera, para poder, a su vez, morir de esa muerte figurada
que viene a ser el orgasmo. Pero, ¿quién es la Muerte?
Es la Dama que asola y agosta cómo y dónde quiere. Sí,
y además es una definición posible de la condesa Báthory.
Nunca nadie no quiso de tal modo envejecer, esto es: morir.
Por eso, tal vez, representaba y encarnaba a la Muerte.
Porque, ¿cómo ha de morir la Muerte?

Volvemos a las costureritas y a las sirvientas. Si Erzébet
amanecía irascible, no se conformaba con cuadros vivos,
sino que:

A la que había robado una moneda le pagaba con la misma
moneda… enrojecida al fuego, que la niña debía apretar
dentro de su mano.

A la que había conversado mucho en horas de trabajo,
la misma condesa le cosía la boca o, contrariamente,
le abría la boca y tiraba hasta que los labios se desgarraban.

También empleaba el atizador, con el que quemaba, al azar,
mejillas, senos, lenguas…

Cuando los castigos eran ejecutados en el aposento de
Erzébet, se hacía necesario, por la noche, esparcir grandes
cantidades de ceniza en derredor del lecho para que la noble
dama atravesara sin dificultad las vastas charcas de sangre.

FERA ABS CSEJTHE

LA FUERZA DE UN NOMBRE

«Et la folie et la froideur erraient sans
but dans la maison.»

MILOSZ

✝

E l nombre Báthory —en cuya fuerza Erzébet creía como en la de un extraordinario talismán— fue ilustre desde los comienzos de Hungría. No es casual que el escudo familiar ostentara los dientes del lobo, pues los Báthory eran crueles, temerarios y lujuriosos. Los numerosos casamientos entre parientes cercanos colaboraron, tal vez, en la aparición de enfermedades e inclinaciones hereditarias: epilepsia, gota, lujuria. Es probable que Erzébet fuera epiléptica ya que le sobrevenían crisis de posesión tan imprevistas como sus terribles dolores de ojos y sus jaquecas (que conjuraba posándose una paloma herida pero viva sobre la frente).

Los parientes de la condesa no desmerecían la fama de su
linaje. Su tío Istvan, por ejemplo, estaba tan loco que
confundía el verano con el invierno, haciéndose arrastrar
en trineo por las ardientes arenas que para él eran caminos
nevados; o su primo Gábor, cuya pasión incestuosa fue
correspondida por su hermana. Pero la más simpática era
la célebre tía Klara. Tuvo cuatro maridos (los dos primeros
fueron asesinados por ella) y murió de su propia muerte
folletinesca: un bajá la capturó en compañía de su amante
de turno: el infortunado fue luego asado en una parrilla.
En cuanto a ella, fue violada —si se puede emplear
este verbo a su respecto— por toda la guarnición turca.
Pero no murió por ello, al contrario, sino porque sus
secuestradores —tal vez exhaustos de violarla— la apuñalaron.
Solía recoger a sus amantes por los caminos de Hungría
y no le disgustaba arrojarse sobre algún lecho en donde,
precisamente, acababa de derribar a una de sus doncellas.

Cuando la condesa llegó a la cuarentena, los Báthory
se habían ido apagando y consumiendo por obra de la
locura y de las numerosas muertes sucesivas. Se volvieron
casi sensatos, perdiendo por ello el interés que suscitaban
en Erzébet. Cabe advertir que, al volverse la suerte
contra ella, los Báthory, si bien no la ayudaron, tampoco
le reprocharon nada.

UN MARIDO GUERRERO

«Cuando el hombre guerrero me encerraba
en sus brazos era un placer para mí...»
ELEGÍA ANGLOSAJONA
S.VIII

n 1575, a los 15 años de edad, Erzébet se casó con
Ferencz Nadasdy, guerrero de extraordinario valor.
Este *cœur simple* nunca se enteró de que la dama
que despertaba en él un cierto amor mezclado
de temor era un monstruo. Se le allegaba durante las treguas
bélicas impregnado del olor de los caballos y de la sangre
derramada —aún no habían arraigado las normas de higiene—,
lo cual emocionaría activamente a la delicada Erzébet,
siempre vestida con ricas telas y perfumada con lujosas
esencias.

Un día en que paseaban por los jardines del castillo, Nadasdy
vio a una niña desnuda amarrada a un árbol; untada con
miel, moscas y hormigas la recorrían y ella sollozaba.
La condesa le explicó que la niña estaba expiando el robo de
un fruto. Nadasdy rió candorosamente, como si le hubiera
contado una broma.

El guerrero no admitía ser importunado con historias que relacionaban a su mujer con mordeduras, agujas, etc. Grave error: ya de recién casada, durante esas crisis cuya fórmula era el secreto de los Báthory, Erzébet pinchaba a sus sirvientas con largas agujas; y cuando, vencida por sus terribles jaquecas, debía quedarse en cama, les mordía los hombros y masticaba los trozos de carne que había podido extraer. Mágicamente, los alaridos de las muchachas le calmaban los dolores.

Pero éstos son juegos de niños –o de niñas–. Lo cierto es que en vida de su esposo no llegó al crimen.

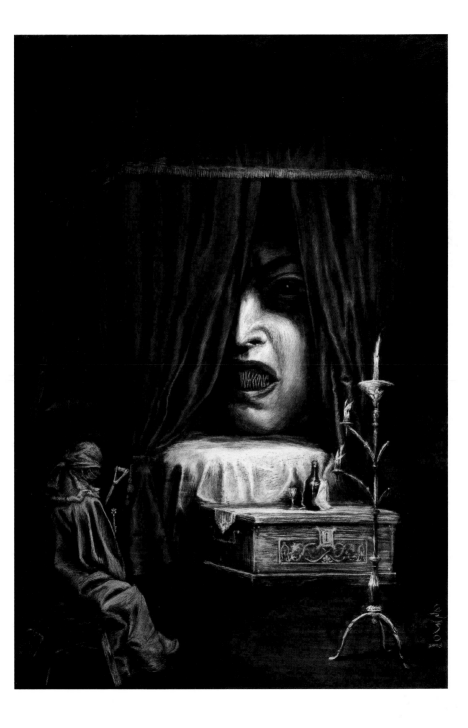

EL ESPEJO DE LA MELANCOLÍA

«¡Todo es espejo!»

OCTAVIO PAZ

✝

ivía delante de su gran espejo sombrío, el famoso espejo cuyo modelo había diseñado ella misma… Tan confortable era que presentaba unos salientes en donde apoyar los brazos de manera de permanecer muchas horas frente a él sin fatigarse. Podemos conjeturar que habiendo creído diseñar un espejo, Erzébet trazó los planos de su morada. Y ahora comprendemos por qué sólo la música más arrebatadoramente triste de su orquesta de gitanos o las riesgosas partidas de caza o el violento perfume de las hierbas mágicas en la cabaña de la hechicera o —sobre todo— los subsuelos anegados de sangre humana, pudieron alumbrar en los ojos de su perfecta cara algo a modo de mirada viviente. Porque nadie tiene más sed de tierra, de sangre y de sexualidad feroz que estas criaturas que habitan los fríos espejos. Y a propósito de espejos: nunca pudieron aclararse los rumores acerca de la homosexualidad de la condesa, ignorándose si se trataba de una tendencia inconsciente o si, por lo contrario, la aceptó con naturalidad, como un derecho más que le correspondía. En lo esencial, vivió sumida en un ámbito exclusivamente femenino. No hubo sino mujeres en sus noches de crímenes. Luego, algunos detalles son obviamente reveladores: por ejemplo, en la sala de torturas, en los momentos de máxima tensión, solía introducir ella misma un cirio ardiente en el sexo de la víctima.

También hay testimonios que dicen de una lujuria menos solitaria. Una sirvienta aseguró en el proceso que una aristocrática y misteriosa dama vestida de mancebo visitaba a la condesa. En una ocasión las descubrió juntas, torturando a una muchacha. Pero se ignora si compartían otros placeres que los sádicos.

Continúo con el tema del espejo. Si bien no se trata de *explicar* a esta siniestra figura, es preciso detenerse en el hecho de que padecía el mal del siglo XVI: la melancolía.

Un color invariable rige al melancólico: su interior es un espacio de color de luto; nada pasa allí, nadie pasa. Es una escena sin decorados donde el yo inerte es asistido por el yo que sufre por esa inercia. Éste quisiera liberar al prisionero, pero cualquier tentativa fracasa como hubiera fracasado Teseo si, además de ser él mismo, hubiese sido, también, el Minotauro; matarlo, entonces, habría exigido matarse. Pero hay remedios fugitivos: los placeres sexuales, por ejemplo, por un breve tiempo pueden borrar la silenciosa galería de ecos y de espejos que es el alma melancólica. Y más aún: hasta pueden iluminar ese recinto enlutado y transformarlo en una suerte de cajita de música con figuras de vivos y alegres colores que danzan y cantan deliciosamente. Luego, cuando se acabe la cuerda, habrá que retornar a la inmovilidad y al silencio. La cajita de música no es un medio de comparación gratuito. Creo que la melancolía es, en suma, un problema musical: una disonancia, un ritmo trastornado.

Mientras *afuera* todo sucede con un ritmo vertiginoso de cascada, *adentro* hay una lentitud exhausta de gota de agua cayendo de tanto en tanto. De allí que ese *afuera* contemplado desde el *adentro* melancólico resulte absurdo e irreal y constituya «la farsa que todos tenemos que representar».

Pero por un instante —sea por una música salvaje, o alguna droga, o el acto sexual en su máxima violencia—, el ritmo lentísimo del melancólico no sólo llega a acordarse con el del mundo externo, sino que lo sobrepasa con una desmesura indeciblemente dichosa; y el yo vibra animado por energías delirantes.

Al melancólico el tiempo se le manifiesta como suspensión del transcurrir —en verdad, hay un transcurrir, pero su lentitud evoca el crecimiento de las uñas de los muertos— que precede y continúa a la violencia fatalmente efímera. Entre dos silencios o dos muertes, la prodigiosa y fugaz velocidad, revestida de variadas formas que van de la inocente ebriedad a las perversiones sexuales y aun al crimen. Y pienso en Erzébet Báthory y en sus noches cuyo ritmo medían los gritos de las adolescentes. El libro que comento en estas notas lleva un retrato de la condesa: la sombría y hermosa dama se parece a la alegoría de la melancolía que muestran los viejos grabados. Quiero recordar, además, que en su época una melancólica significaba una poseída por el demonio.

MAGIA NEGRA

«Et qui tue le soleil pour installer le royaume de la nuit noire.»

ARTAUD

L a mayor obsesión de Erzébet había sido siempre alejar a cualquier precio la vejez. Su total adhesión a la magia negra tenía que dar por resultado la intacta y perpetua conservación de su «divino tesoro». Las hierbas mágicas, los ensalmos, los amuletos, y aun los baños de sangre, poseían, para la condesa, una función medicinal: inmovilizar su belleza para que fuera eternamente *comme un rêve de pierre*. Siempre vivió rodeada de talismanes. En sus años de crimen se resolvió por un talismán único que contenía un viejo y sucio pergamino en donde estaba escrita, con tinta especial, una plegaria destinada a su uso particular. Lo llevaba junto a su corazón, bajo sus lujosos vestidos, y en medio de alguna fiesta lo tocaba subrepticiamente. Traduzco la plegaria:

Isten, ayúdame; y tú también, nube que todo lo puede.
Protégeme a mí, Erzébet, y dame una larga vida. Oh, nube,
estoy en peligro. Envíame noventa gatos, pues tú eres la suprema
soberana de los gatos. Ordénales que se reúnan viniendo de
todos los lugares donde moran, de las montañas, de las aguas,
de los ríos, del agua de los techos y del agua de los océanos.
Diles que vengan rápido a morder el corazón de... y
también el corazón de... y el de... Que desgarren y muerdan
también el corazón de Megyery el Rojo. Y guarda a Erzébet
de todo mal.

Los espacios eran para inscribir los nombres de los corazones
que habrían de ser mordidos.

Fue en 1604 que Erzébet quedó viuda y que conoció a
Darvulia. Este personaje era, exactamente, *la hechicera*
del bosque, la que nos asustaba desde los libros para niños.
Viejísima, colérica, siempre rodeada de gatos negros,
Darvulia correspondió a la fascinación que ejercía en
Erzébet pues en los ojos de la bella encontraba una nueva
versión de los poderes maléficos encerrados en los venenos
de la selva y la nefasta *insensibilidad de la luna.* La magia
negra de Darvulia se inscribió en el negro silencio de la
condesa: *la inició en los juegos más crueles; le enseñó a mirar*
morir y el sentido de mirar morir; la animó a buscar la
muerte y la sangre en un sentido literal, esto es: a quererlas
por sí mismas, sin temor.

BAÑOS DE SANGRE

«Si te vas a bañar, Juanilla, dime a cuáles baños vas.»

CANCIONERO DE UPSALA

✝

orría este rumor: desde la llegada de Darvulia, la condesa, para preservar su lozanía, tomaba baños de sangre humana. En efecto, Darvulia, como buena hechicera, creía en los poderes reconstitutivos del «fluido humano». Ponderó las excelencias de la sangre de muchachas —en lo posible vírgenes— para someter al demonio de la decrepitud y la condesa aceptó este remedio como si se tratara de baños de asiento. De este modo, en la sala de torturas, Dorkó se aplicaba a cortar venas y arterias; la sangre era recogida en vasijas y, cuando las dadoras ya estaban exangües, Dorkó vertía el rojo y tibio líquido sobre el cuerpo de la condesa que esperaba tan tranquila, tan blanca, tan erguida, tan silenciosa.

A pesar de su invariable belleza, el tiempo infligió a Erzébet algunos de los signos vulgares de su transcurrir. Hacia 1610, Darvulia había desaparecido misteriosamente, y Erzébet, que frisaba la cincuentena, se lamentó ante su nueva hechicera de la ineficacia de los baños de sangre. En verdad, más que lamentarse amenazó con matarla si no detenía inmediatamente la propagación de las execradas señales de la vejez. La hechicera dedujo que esa ineficacia era causada por la utilización de sangre plebeya. Aseguró —o auguró— que, trocando la tonalidad, empleando sangre azul en vez de roja, la vejez se alejaría corrida y avergonzada. Así se inició la caza de hijas de gentilhombres. Para atraerlas, las secuaces de Erzébet argumentaban que la Dama de Csejthe, sola en su desolado castillo, no se resignaba a su soledad. ¿Y cómo abolir la soledad? Llenando los sombríos recintos con niñas de buenas familias a las que, en pago de su alegre compañía, les daría lecciones de buen tono, les enseñaría cómo comportarse exquisitamente en sociedad. Dos semanas después, de las veinticinco «alumnas» que corrieron a aristocratizarse no quedaban sino dos: una murió poco después, exangüe; la otra logró suicidarse.

CASTILLO DE CSEJTHE

«Le chemin de rocs est semé de cris sombres.»

P. J. JOUVE

astillo de piedras grises, escasas ventanas, torres cuadradas, laberintos subterráneos, castillo emplazado en la colina de rocas, de hierbas ralas y secas, de bosques con fieras blancas en invierno y oscuras en verano, castillo que Erzébet Báthory amaba por su funesta soledad de muros que ahogaban todo grito.

El aposento de la condesa, frío y mal alumbrado por una lámpara de aceite de jazmín, olía a sangre así como el subsuelo a cadáver. De haberlo querido, hubiera podido realizar su «gran obra» a la luz del día y diezmar muchachas al sol, pero le fascinaban las tinieblas del laberinto que tan bien se acordaban a su *terrible erotismo de piedra, de nieve y de murallas*. Amaba el laberinto, que significa el lugar típico donde tenemos miedo; el viscoso, el inseguro espacio de la desprotección y del extraviarse.

¿Qué hacía de sus días y de sus noches en la soledad de Csejthe? Sabemos algo de sus noches. En cuanto a sus días, la bellísima condesa no se separaba de sus dos viejas sirvientas, dos escapadas de alguna obra de Goya: las sucias, malolientes, increíblemente feas y perversas Dorkó y Jó Ilona. Éstas intentaban divertirla hasta con historias domésticas que ella no atendía, si bien necesitaba de ese continuo y deleznable rumor. Otra manera de matar el tiempo consistía en contemplar sus joyas, mirarse en su famoso espejo y cambiarse quince trajes por día. Dueña de un gran sentido práctico, se preocupaba de que las prisiones del subsuelo estuvieran siempre bien abastecidas; pensaba en el porvenir de sus hijos —que siempre residieron lejos de ella—; administraba sus bienes con inteligencia y se ocupaba, en fin, de todos los pequeños detalles que rigen el orden profano de los días.

MEDIDAS SEVERAS

«… la loi, froide par elle-même, ne saurait être
accessible aux passions qui peuvent légitimer
la cruelle action du meurtre.»

SADE

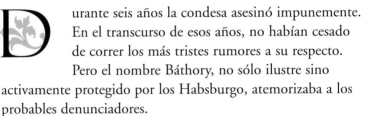urante seis años la condesa asesinó impunemente.
En el transcurso de esos años, no habían cesado
de correr los más tristes rumores a su respecto.
Pero el nombre Báthory, no sólo ilustre sino
activamente protegido por los Habsburgo, atemorizaba a los
probables denunciadores.

Hacia 1610 el rey tenía los más siniestros informes
—acompañados de pruebas— acerca de la condesa.
Después de largas vacilaciones decidió tomar severas medidas.
Encargó al poderoso palatino Thurzó que indagara los
luctuosos hechos de Csejthe y castigase a la culpable.

En compañía de sus hombres armados, Thurzó llegó al
castillo sin anunciarse. En el subsuelo, desordenado por la
sangrienta ceremonia de la noche anterior, encontró un bello
cadáver mutilado y dos niñas en agonía. No es esto todo.
Aspiró el olor a cadáver; miró los muros ensangrentados;
vio «la Virgen de hierro», la jaula, los instrumentos de tortura,
las vasijas con sangre reseca, las celdas —y en una de ellas a
un grupo de muchachas que aguardaban su turno para morir
y que le dijeron que después de muchos días de ayuno les
habían servido una cierta carne asada que había pertenecido
a los hermosos cuerpos de sus compañeras muertas…

La condesa, sin negar las acusaciones de Thurzó, declaró que *todo aquello era su derecho de mujer noble y de alto rango.* A lo que respondió el palatino: ... *te condeno a prisión perpetua dentro de tu castillo.*

Desde su corazón, Thurzó se diría que había que decapitar a la condesa, pero un castigo tan ejemplar hubiese podido suscitar la reprobación no sólo respecto de los Báthory sino de los nobles en general. Mientras tanto, en el aposento de la condesa fue hallado un cuadernillo cubierto por su letra con los nombres y las señas particulares de sus víctimas que allí sumaban 610... En cuanto a los secuaces de Erzébet, se los procesó, confesaron hechos increíbles, y murieron en la hoguera.

La prisión subía en torno suyo. Se muraron las puertas y las ventanas de su aposento. En una pared fue practicada una ínfima ventanilla por donde poder pasarle los alimentos. *Y cuando todo estuvo terminado erigieron cuatro patíbulos en los ángulos del castillo para señalar que allí vivía una condenada a muerte.*

Así vivió más de tres años, casi muerta de frío y de hambre. Nunca demostró arrepentimiento. Nunca comprendió por qué la condenaron. El 21 de agosto de 1614, un cronista de la época escribía: *Murió hacia el anochecer; abandonada de todos.*

Ella no sintió miedo, no tembló nunca. Entonces, ninguna compasión ni emoción ni admiración por ella. Sólo un quedar en suspenso en el exceso del horror, una fascinación por un vestido blanco que se vuelve rojo, por la idea de un absoluto desgarramiento, por la evocación de un silencio constelado de gritos en donde todo es la imagen de una belleza inaceptable.

Como Sade en sus escritos, como Gilles de Rais en sus crímenes, la condesa Báthory alcanzó, más allá de todo límite, el último fondo del desenfreno. Ella es una prueba más de que la libertad absoluta de la criatura humana es horrible.

©1965, del texto: Alejandra Pizarnik
©2002, del texto: Random House Mondadori, S.A.
©2009, de las ilustraciones: Santiago Caruso
©2009-2012, de esta edición: Libros del Zorro Rojo
Barcelona – Buenos Aires – Ciudad de México
www.librosdelzorrorojo.com

Proyecto:
Alejandro García Schnetzer

Edición:
Marta Ponzoda Álvarez

Esta obra es una realización de Libros del Zorro Rojo

Dirección editorial:
Fernando Diego García

Dirección de arte:
Sebastián García Schnetzer

Foto de solapa de Alejandra Pizarnik:
Daniela Haman, 1968; Archivo Antonio Beneyto

ISBN: 978-84-96509-72-6   Depósito Legal: B-5790-2012

Primera edición: abril de 2012
Primera reimpresión: junio de 2014
Segunda reimpresión: diciembre de 2015
Tercera reimpresión: abril de 2018

Impreso en Eslovenia por GPS Group

El derecho a utilizar la marca «Libros del Zorro Rojo»
corresponde exclusivamente a las siguientes empresas:
albur producciones editoriales s.l.
y LZR Ediciones s.r.l.

*